CHAMBRE DE COMMERCE

De Chalon-sur-Saône, Autun et Louhans

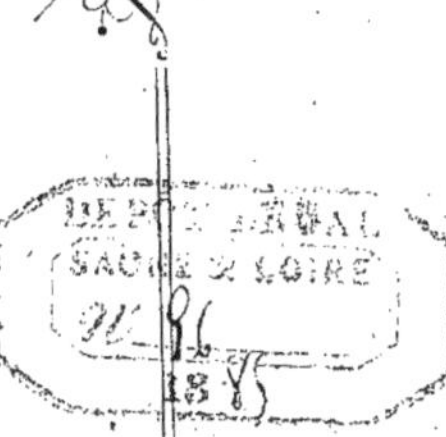

Séance du 2 Septembre 1885

MODIFICATION

DE LA

LOI SUR LES FAILLITES

CHALON-SUR-SAONE

IMPRIMERIE SORDET-MONTALAN, RUE FRUCTIDOR

1885

CHAMBRE DE COMMERCE

De Chalon-sur-Saône, Autun et Louhans

Séance du 2 Septembre 1885

MODIFICATION

DE LA

LOI SUR LES FAILLITES

CHALON-SUR-SAONE

IMPRIMERIE SORDET-MONTALAN, RUE FRUCTIDOR

1885

EXTRAIT DU REGISTRE DES DÉLIBÉRATIONS

DE LA CHAMBRE DE COMMERCE

De Chalon-sur-Saône, Autun et Louhans

Séance du 2 Septembre 1885

PRÉSIDENCE DE M. A. CHEVRIER

Etaient présents : MM. MURATIER-SERDON, H. DRUARD, ARMAND-SAUZAY, MENAND-COPREAUX, LAVRAND aîné et Ch. GROS.

MM. SAUZAY aîné, d'Autun, et Philibert GRIFFAND, de Louhans, se sont excusés par lettre de ne pouvoir assister à la séance.

M. le Président invite M. Muratier-Serdon, rapporteur de la Commission de la loi sur les faillites, à donner communication de son rapport (deuxième lecture).

M. Muratier-Serdon s'exprime en ces termes :

Modification de la loi
sur les faillites.
Rapport.

MESSIEURS,

La loi de 1838, qu'on se propose de modifier, a été préparée et élaborée par une Commission composée d'hommes éclairés et compétents ; elle présentait un ensemble de dispositions très logiques, très complètes et se reliant parfaitement entre elles, tant au point de vue de l'état des personnes que des moyens d'arriver à la liquidation des biens du failli, et en étant en même temps en parfaite harmonie avec les principes du droit civil, mais, comme toutes nos institutions et nos lois, elle ne pouvait résister à ce besoin de changement et d'innovation qui caractérise notre époque.

Les dispositions de cette loi au titre des faillites sont-elles aujourd'hui en harmonie avec les vœux et les besoins du commerce et l'état des affaires si profondément modifié depuis quarante-cinq années ? Telle est la question qu'on peut se poser.

A cet effet, il y a lieu de constater que depuis quelque temps, les Tribunaux de Commerce prononcent moins facilement une déclaration de faillite ; ils ajournent, se renseignent davantage et souvent, quoique d'une façon illégale, ils ordonnent une liquidation judiciaire.

Il est évident qu'il y a là un symptôme qu'on peut considérer comme une manifestation en faveur des modifications proposées qu'on ne saurait méconnaître. C'est dans cet ordre d'idées que divers projets relatifs à la réforme de la loi au titre des faillites avaient été présentés au Gouvernement sans avoir reçu de sanction par lui.

Enfin, une nouvelle Commission fut nommée pour reprendre la question et, à la date du 16 février dernier, elle déposait sur le bureau de la Chambre des Députés le nouveau projet qu'elle venait d'élaborer en s'inspirant des documents déjà réunis par les précédentes commissions.

C'est sur les dispositions de ce nouveau projet de loi que, sur l'invitation de M. le Ministre du Commerce, notre Chambre a été appelée à émettre un avis.

La Commission que vous avez nommée à cet effet, dans la séance du 16 avril, après examen des rapports et documents y relatifs, vient vous soumettre ses appréciations et ses conclusions.

Les auteurs du nouveau projet de loi reprochent à celle de 1838 de ne faire aucune distinction entre les débiteurs et les causes de leur cessation de paiement, et de traiter avec la même rigueur les débiteurs malheureux et ceux de mauvaise foi ; cette critique est un peu sévère pour l'ancienne loi, mais il y a là une pensée humanitaire à laquelle bien certainement on doit applaudir.

L'article 437 de la loi de 1838 était ainsi édicté : « Tout commerçant qui cesse ses paiements est en état de faillite » ; et c'est pour adoucir les rigueurs de cette disposition que les auteurs du nouveau projet proposent d'y substituer ce qui suit : « Tout commerçant qui ayant cessé ses paiements fera la déclaration de ce fait au greffe du Tribunal dans les dix jours pourra demander le bénéfice de la liquidation judiciaire. Le Tribunal statue par un jugement délibéré en Chambre du Conseil et rendu en audience publique ; ce jugement ne doit pas être publié. » Nous aurons à revenir sur cette dernière disposition.

Dans l'un des projets primitifs, le texte de l'article 437 de la loi de 1838 était abrogé ; la déclaration de faillite était supprimée complètement ; c'était aller un peu loin.

La suppression complète de l'état de faillite eût été bien regrettable ; cette disposition, avec la flétrissure et les incapacités qui s'y rattachent, doivent rester dans nos lois comme un frein à opposer aux agissements des débiteurs de mauvaise foi et surtout à notre époque, où le désir effréné de rapides fortunes devient si fréquemment la cause de catastrophes et de scandales financiers.

La réforme proposée aujourd'hui va consister surtout en ce que la cessation de paiement n'entraînera pas nécessairement et de plein droit la déclaration de faillite et que le débiteur de bonne foi pourra l'éviter en demandant dans les délais fixés le bénéfice de la liquidation judiciaire.

Que, comme correctif à la disposition qui précède, il est dit aussi que même après l'ouverture de la liquidation judiciaire, la découverte de tout fait pouvant faire tomber la présomption de bonne foi du débiteur, la déclaration de faillite pourra être prononcée. Voici, Messieurs, la notable modification qui sera apportée dans la loi de 1838, au titre des faillites, et il est facile de prévoir que dans l'avenir, la liquidation judiciaire va devenir la règle et la déclaration de faillite sera l'exception.

Les auteurs du projet en espèrent d'heureux résultats au point de vue de la moralité commerciale ; espérons que nous les verrons se réaliser.

La généralité des dispositions de la loi de 1838, en matière de faillites, étant applicables à la liquidation judiciaire, les auteurs du projet ont tenu à s'en écarter le moins possible et n'y ont apporté que de légères modifications.

L'article 438 de ladite loi prescrivait un délai de trois jours, pendant lequel un commerçant en état de cessation de paiement devait déposer son bilan au greffe du Tribunal de Commerce ; ce délai était insuffisant.

Le délai de dix jours accordé dans le nouveau projet nous paraît dans une juste limite, mais il ne devrait pas être dépassé, car c'est ordinairement dans cette dernière période que le débiteur, à bout de ressources et pressé de toutes parts, afin de reculer le moment fatal de la chute, se livre à des agissements fâcheux, souvent coupables, lesquels amènent ensuite dans la liquidation des revendications de toute nature.

Le nouvel article 440 dit que le jugement en ouverture de liquidation judiciaire sera rendu en audience publique, mais avec cette réserve qu'il ne sera pas publié.

On ne voit pas le motif qui ferait renoncer à cette publicité ; elle nous paraît aussi nécessaire qu'en matière de faillite pour la prompte formation du bilan et la vérification des créances. L'intérêt des créanciers du dehors exige aussi le maintien de cette formalité, laquelle, d'ailleurs, ne saurait rien ajouter au discrédit du commerçant en liquidation.

Le même article 440 ne stipule pas que tout d'abord un inventaire des marchandises devra être dressé. Cet inventaire est d'abord un élément indispensable à la formation du bilan, et, d'autant plus essentiel que, dans le projet de loi, le débiteur n'est pas complètement dessaisi de l'administration de ses biens, et, qu'assisté du liquidateur, il coopère à la réalisation de son actif.

Qu'à ce sujet, il y a lieu d'ajouter ici que, dans cette coopération permise au débiteur, les pouvoirs qui lui sont laissés, tels que : ventes, encaissements, etc., etc., nous paraissent excessifs et doivent être très notablement réduits.

Contrôleurs. — L'adjonction au syndic ou au liquidateur de deux membres administrateurs ou contrôleurs choisis parmi les créanciers pour surveiller les opérations de la liquidation nous paraît en principe une heureuse innovation, car il nous a toujours paru un peu exorbitant d'abandonner à un syndic ou à un liquidateur quelconque seul, la réalisation d'un actif, lequel, dans l'état actuel des affaires est parfois très considérable et la valeur d'une appréciation bien difficile.

La question de la nomination de ces contrôleurs adjoints a été agitée, et l'article 446 du projet dispose que le choix devra être fait, non par le Tribunal de Commerce, mais par les créanciers eux-mêmes. Votre Commission approuve cette disposition ; il était tout naturel de confier aux créanciers le soin de veiller à leur gage commun.

Mais, le choix de ces contrôleurs va, sans doute, présenter de sérieuses difficultés ; leur position sera délicate vis-à-vis des autres créanciers ; ils seront, de la part de ces derniers, l'objet d'une certaine suspicion, et bon nombre se refuseront à accepter cette fonction. En outre, n'est-il pas à craindre que lorsque le liquidateur va se trouver en présence d'un juge commissaire et de deux contrôleurs adjoints, les responsabilités ainsi partagées ne deviennent un peu illusoires ?

Nonobstant les craintes exprimées ci-dessus, votre Commission donne son adhésion à l'adjonction des deux contrôleurs adjoints, en cas de liquidation judiciaire ; espérons que l'application de cette mesure en justifiera l'utilité.

Entre autres pouvoirs attribués au syndic et aux contrôleurs, nous voyons, en matière de liquidation, une modification qui nous paraît dépasser la mesure :

L'article 443 du projet réduit la somme de Fr. 1,500 à celle de Fr. 300, le chiffre auquel le liquidateur et le juge commissaire peuvent autoriser une transaction amiable.

Le chiffre de Fr. 1,500 est la limite imposée aux Tribunaux de commerce pour les jugements en dernier ressort ; ce serait une atteinte portée à leur compétence et votre Commission ne saurait y donner son adhésion ; un chiffre intermédiaire devrait être fixé.

Concordat. — Le concordat a été l'objet de graves discussions ; sa suppression a même été mise en question, mais il a été maintenu dans la nouvelle loi ; le rapport qui la précède a démontré l'utilité et la moralité de ce contrat, aussi bien dans l'intérêt des créanciers que dans celui du débiteur, et on est allé plus loin : on a voulu en faciliter la réalisation.

Pour l'obtention d'un concordat, l'article 507 de l'an-

cienne loi exigeait la moitié plus un, en nombre, des créanciers, et les trois quarts, en somme, des créances vérifiées
et admises ; le nouveau texte (article 353) réduit aux deux
tiers du total des créances la majorité nécessaire. Votre
Commission ne saurait approuver cette modification, car,
en somme, il est constant que lorsqu'il s'agit d'enlever à
une minorité une partie de la chose qui est son gage
légitime, on ne doit passer outre qu'en face d'une majorité
aussi imposante que possible ; celle des trois quarts en
somme n'était pas exagérée et doit être maintenue.

.Toutefois, c'est ici le cas de rappeler combien il est
scandaleux de voir journellement accorder des concordats,
moyennant des dividendes dérisoires de 5 %, par exemple,
et payables quelquefois en plusieurs années; c'est à la fois
excuser un passé répréhensible et donner au débiteur le
moyen de faire de nouvelles dupes.

A ce sujet, quelques Chambres de Commerce ont émis
le vœu que, dans la nouvelle loi, il serait urgent de fixer
un dividende au-dessous duquel un concordat ne pourrait
être accordé au débiteur, ni homologué par le Tribunal.

Votre Commission ne partage pas cet avis ; d'abord,
parce que ce serait aller à l'encontre du but visé par
l'introduction de la liquidation judiciaire, et qu'ensuite ce
serait aliéner le droit incontestable des créanciers bien dis-
posés en faveur d'un débiteur malheureux et de bonne foi.

Que d'ailleurs le concordat devant être homologué par
le Tribunal de Commerce, ce dernier a toujours la faculté
d'apprécier les faits et de refuser la sanction à un concordat
accordé dans des conditions qui lui paraîtraient immo-
rales : que toutefois il y a là une question de moralité et
d'ordre public sur laquelle nous appelons l'attention des
législateurs et des Tribunaux de Commerce. Les dispositions de la loi de 1838 relatives à l'opposition de l'homo-
logation d'un concordat sont maintenues sans aucune
modification, ce qui est au mieux.

Actions en rapport. — L'article 479 du nouveau projet
en matière de faillites consacre les principes de l'article 477
de la loi de 1838, en reconnaissant que les actions en rapport de sommes indûment touchées sont équitables en

rétablissant l'égalité entre tous les créanciers, mais ledit article 479 ne stipule rien pour le même cas, en matière de liquidation judiciaire.

Il est constant que ce qui est équitable en matière de faillites ne l'est pas moins en cas de liquidation judiciaire, et que cette absence de stipulation doit être ainsi interprétée : c'est que dans le cas où se présenteraient des actions en rapport à l'occasion de créanciers favorisés et payés au détriment de la masse, le débiteur ayant perdu ses droits à la liquidation judiciaire tombe en état de faillite, laquelle alors exerce ses actions contre qui de droit et en conformité des dispositions de l'ancienne loi de 1838.

Les articles 479 et 480 du projet suppriment la période prohibitive des dix jours qui précèdent la cessation de paiement, c'est une fâcheuse innovation.

Tous ceux qui ont suivi les opérations des faillites savent combien, dans les derniers moments de la vie commerciale, il se commet de fraudes et d'irrégularités au détriment de la masse, il importe que les Tribunaux soient armés pour les rechercher et les annuler.

L'article 3, même projet, modifie aussi l'article 163 du Code de commerce, reproduit par l'article 444, en enlevant au porteur d'une lettre de change le droit d'exercer immédiatement son recours, en cas de faillite de l'accepteur.

Cette nouvelle disposition n'est pas heureuse, en ce sens qu'elle amoindrit la valeur de la lettre de change qui doit rester l'élément actif du commerce et qui perdrait ce caractère, du moment où le porteur serait obligé de conserver en mains un titre sans valeur jusqu'à son échéance.

Droit des femmes. — Le nouveau projet de loi maintient toutes les dispositions de la loi de 1838 comme l'avait fait le Conseil d'État dans les projets du Gouvernement, car alors il n'eut plus s'agi seulement d'une réforme sur la loi des faillites, c'était le Code civil qui serait profondément modifié et aussi les principes généraux qui forment la base de cette importante matière eussent été gravement atteints, et en première ligne l'hypothèque légale de la femme dont on voulait supprimer le bénéfice d'une manière générale.

Qu'à ce sujet, il y a lieu de rappeler ici que pour ainsi dire il n'est pas une faillite qui ne soit immédiatement suivie d'une demande en séparation de biens, formée par la femme contre le mari, avec condamnation aux dépens ; lesquels sont passés comme frais privilégiés, d'où il résulte un préjudice pour la masse des créanciers qui ne s'élève pas à moins de 500 francs environ.

Que, par ce motif, votre Commission émet l'avis qu'il serait nécessaire d'introduire dans la loi sur cette matière une disposition par laquelle, sur la demande de la femme, le jugement déclaratif de faillite prononcerait en même temps la séparation de biens et cela sans autres frais ni autres formalités judiciaires ; nous croyons que ce serait une heureuse innovation à introduire dans le nouveau projet de loi.

En conséquence, sous la réserve des modifications qui vont être notées ci-dessous, la Commission est d'avis de donner son approbation au nouveau projet de loi sur les faillites qui vient d'être soumis à son examen :

1° Modifier l'article 440 du projet et maintenir, comme dans la faillite, la publicité du jugement ouvrant la liquidation judiciaire ;

2° Introduction d'une disposition ordonnant la production d'un état de situation, lors de la requête tendant à obtenir la liquidation judiciaire ;

3° Introduction également essentielle, c'est l'obligation pour le débiteur de présenter un inventaire de marchandises et un bilan complet à la première réunion des créanciers ;

4° Modifier l'article 442, limiter et réduire les pouvoirs laissés au débiteur dans sa participation à la liquidation de son actif ;

5° Modifier l'article 443, réduire le chiffre de Fr. 1,500, fixé pour celui auquel les liquidateurs et le syndic peuvent autoriser une transaction amiable ;

6° Maintenir les dispositions des articles 163 et 444 du

Code de Commerce, relatifs aux droits des porteurs d'une lettre de change en souffrance ;

7° Maintenir la période suspecte des dix jours, conformément à l'article 446 de la loi actuelle, ainsi que la faculté d'appréciation laissée aux Tribunaux par l'article 447 de la même loi ;

8° Pour l'obtention d'un concordat, maintenir les dispositions de l'article 507 de la loi de 1838 qui exige la moitié plus un, en nombre, des créanciers inscrits, et les trois quarts, en somme, des créances vérifiées et admises ;

9° Enfin, introduction dans la loi d'une disposition édictant que, sur la demande de la femme, le jugement déclaratif de faillite prononcerait en même temps la séparation de biens.

Ce rapport entendu,

La Chambre de Commerce de Chalon-sur-Saône, Autun et Louhans, après en avoir délibéré,

Adopte à l'unanimité les conclusions résumées dans les neuf articles modificatifs de la loi sur les faillites, qui terminent ledit rapport, qu'elle transforme en délibération et dont elle vote l'impression.

Ainsi fait et délibéré en séance, les jour, mois et an ci-dessus, et ont signé les membres présents.

POUR COPIE CONFORME,

Le Président,

A. CHEVRIER

Chalon-snr-Saône, imprimerie SORDET-MONTALAN.